# Mon Carnet de dessin

www.ingramcontent.com/pod-product-compliance
Lightning Source LLC
Chambersburg PA
CBHW080549220526
45466CB00010B/3088
* 9 7 8 1 6 6 0 7 3 4 0 3 0 *